D'abord petite fille,
enfant d'Anne et de Joachim,
puis jeune fille,
fiancée à Joseph
qui deviendra son époux,
Marie est surtout la Maman de Jésus.
Mais elle est plus encore.
En mettant Jésus au monde,
c'est Dieu qu'elle donne
à chacun d'entre nous.
Par Marie,
une créature humaine comme nous,
voilà que Dieu se fait proche, tout proche...

Approchons-nous aussi de l'histoire de Marie !

Collection « **Sources de la foi** »
sous la direction de Bernard Descouleurs

Par Yvonne Poussin :
Jésus Bonne nouvelle
Bonne nouvelle des apôtres.

Par Jean Debruynne
Martin Luther King, un combat pour la justice.

Par Jean-Pierre Jung
Jean Bosco : l'aventure et la joie.

Par Marie-Antoinette Bassieux
Teresa de Calcutta, un sourire cordial.

Par Michel Thibault
Le Baptême, une profession de foi.

Par Christiane Gaud et Bernard Descouleurs
Marie joie de la terre.
Noël merveilles.
Pâques le jour se lève.
Pentecôte printemps qui dure.
Bernadette enfant des sources.
Jean-François Régis, du Languedoc au Vivarais.

Par Jessie Haller
Dominique, un homme de l'Evangile.

ISBN 2-7289-0048-5
Dépôt légal : 1er trimestre 1989
Imprimé en Belgique

Christiane Gaud — Bernard Descouleurs

Marie
Joie de la terre

Illustrations
de
Chica

Nouvelle édition

Mame

Préface

Marie, c'est un nom bien connu et qui se porte encore beaucoup, même s'il est joint à d'autres noms comme Marie-José, Marie-Claire ou Marie-Christine... ou bien s'il se dit Mireille, Myriam ou Maria... Lorsque des parents donnent un tel nom à leur enfant, ils pensent que Marie est importante puisqu'ils veulent que leur enfant s'appelle ainsi pour toute sa vie.

Tous les enfants ne s'appellent pas Marie, et c'est heureux, mais Marie est importante pour tous les enfants, et pour leurs parents aussi bien sûr.

Certains chrétiens trouvent que l'on en parle moins depuis quelques années ; ils ont l'impression qu'on en parlait davantage quand ils étaient eux-mêmes enfants, et c'est sans doute vrai... Cependant, on porte toujours des médailles où Marie est représentée, on va à Lourdes, on voit des statues de la Vierge dans les églises... Mais on ne sait pas toujours bien qui est Marie, pourquoi on porte son nom, pourquoi on met son image dans les églises.

C'est pour cela que Christiane et Bernard ont décidé de te raconter à nouveau l'histoire de Marie, et je les en remercie. Ils le font à leur façon ; certaines pages te raconteront des choses que tu sais peut-être déjà, mais dans d'autres tu trouveras sûrement l'explication de gestes ou de mots que tu connaissais et que tu ne comprenais pas bien... Le plus important, c'est que tu découvres mieux, en connaissant davantage Marie, combien Dieu nous aime. C'est ce que nous dit toute l'histoire de Marie, et c'est pourquoi elle est si belle. C'est ce que les chrétiens ont compris à toutes les époques, et c'est pourquoi ils ont toujours aimé parler de Marie, la prier, faire des fêtes en son honneur.

Oui, pour les chrétiens, Marie est vraiment la joie de la terre. C'est pour te dire cela que ce livre a été fait. A ton tour, je le souhaite, après l'avoir lu, tu pourras redire la belle histoire de Marie et chanter, avec tes mots à toi, les merveilles de Dieu.

Louis DUFAUX

I
marie du peuple d'israël

« Tu n'auras pas d'autres dieux que moi.
Tu ne te feras aucune image sculptée,
rien qui ressemble à ce qui est dans les cieux là-haut,
ou sur la terre ici-bas,
ou dans les eaux au-dessous de la terre.
Tu ne te prosterneras pas devant ces images
ni ne les serviras. »

Parole du Seigneur
Exode 20, 3-4-5

1
Une histoire qui vient de loin

L'histoire de Marie a commencé bien avant sa naissance.

C'est une histoire qu'il faudrait écrire en lettres d'or, car elle est tirée des hauts faits de tout un peuple qui a su marcher au soleil de Dieu malgré la faim, malgré la soif, malgré toutes sortes d'épreuves.

C'est une histoire qui nous aide à croire que malgré les nuages, il y a toujours un coin de ciel bleu quelque part.

L'histoire de Marie s'inscrit dans l'histoire du Peuple de Dieu, des siècles et des siècles avant Jésus-Christ.

Tout a commencé par un profond désir, par une longue attente. En effet, depuis très longtemps, le Peuple d'Israël qui savait regarder le ciel et qui se demandait d'où venait la lumière, invoquait le Dieu de ses Pères, le Dieu d'Abraham, d'Isaac et de Jacob.

Les Juifs d'Israël ne cessaient d'appeler ce Dieu « caché » qu'ils recherchaient de tout leur cœur. Mais il est difficile de vivre avec un Dieu que l'on ne voit pas, que l'on ne connaît pas. Ils pressentaient bien sa présence au cœur de leur histoire, au fond de leur conscience, mais, tout seuls, ils ne pouvaient parvenir à le connaître en vérité. Alors il se l'imaginaient en se fabriquant des statues de bois, de pierre, de métal précieux, qu'ils pouvaient voir, toucher, caresser, déplacer... Devant ces idoles ils pouvaient se prosterner.

Au cours de l'histoire du peuple d'Israël, des prophètes comme Elie, Isaïe, Ezéchiel, déploraient ces égarements. Chaque jour leur prière devenait plus ardente :

« Faites-nous voir ton visage, et nous serons sauvés. »

« Déchire un peu les cieux pour que nous voyions ta Face. »

C'était leur manière à eux de demander à Dieu de quitter son « chez lui » pour venir enfin chez eux, car ils souhaitaient le voir arriver dans leur monde. De tout temps, en effet, les hommes se sont demandé si Dieu avait un lieu d'habitation comme eux. De tout temps, les hommes se sont demandé où Dieu pouvait bien demeurer.

Cette attente que vivait le peuple d'Israël, constamment réveillé par ses prophètes, venait de loin, de plus loin que lui. Elle venait du cœur même de Dieu. Car lui aussi voulait se faire connaître à son peuple. C'est lui qui faisait naître ce désir au cœur des Israélites, car depuis toujours Dieu veut se révéler tel qu'il est et non tel que les hommes l'imaginent.

Pour cela il faut du temps. C'est pourquoi, à toutes les époques de leur histoire, on voit Dieu qui éduque les siens à rejeter les faux dieux, à renverser les idoles, jusqu'à ce qu'ils le rencontrent, lui, le Dieu véritable et vivant.

Mais Dieu voit la bonne volonté de ceux qui le cherchent. Souvent nous le croyons loin, alors qu'il nous est proche.

En vérité, Dieu habite en chacun d'entre nous par son Esprit. C'est pendant toute notre vie que nous cherchons son Visage, et ce n'est pas facile de reconnaître Dieu là où il est, tel qu'il est, si lui-même ne vient à notre rencontre.

Maintenant nous savons que ce grand désir de Dieu est devenu réalité. Nous savons que la longue attente du peuple de Dieu n'a pas été vaine. Les chrétiens reconnaissent en Jésus le vrai Visage de Dieu.

2
Une jeune fille de Nazareth

Et Marie dans cette histoire ?

Marie faisait partie de ce peuple.

Elle aussi cherchait la Face de Dieu.

Elle aussi espérait ce Dieu qui se faisait attendre.

Comme tous ceux qui cherchaient Dieu de toutes leurs forces, et que l'on appelle en hébreu les « anawim », c'est-à-dire les « pauvres de Dieu », Marie cherchait Dieu de toute sa faim, de toute sa soif.

Marie était habitée par le désir de connaître ce Dieu Vivant dont elle se savait aimée et à qui elle parlait dans la prière. Elle aussi attendait le Messie promis par les prophètes avec un cœur tout ouvert et tout recueilli.

C'est beau un cœur qui aime et qui en est heureux !

Dieu, par son Esprit, habitait le cœur de Marie.

Dans la langue du pays, Marie s'appelait Myriam.

Elle habitait à Nazareth, une petite bourgade très peu connue de Palestine. On sait peu de chose de sa famille qui ne faisait pas partie des notables du pays. Les évangiles ne parlent pas des parents de Marie, mais des récits très anciens qui disent qu'ils s'appelaient Anne et Joachim.

Selon la coutume de l'époque, Marie était fiancée. Son fiancé s'appelait Joseph.

A cette époque-là, il y avait des groupes de Juifs qui attendaient avec ferveur la venue du Royaume de Dieu. Cette attente était d'autant plus ardente que le pays était alors occupé par les soldats romains. Ces Juifs se réunissaient fréquemment pour prier. Ils attendaient la libération d'Israël. Ils attendaient que le Peuple de Dieu redevienne libre et fort comme aux temps des rois David et Salomon. Il est probable que Marie et Joseph faisaient partie de ces groupes-là. L'attente de Dieu était l'essentiel de leur vie.

Homme bon, délicat et juste, Joseph se préparait à épouser Marie. Il demandait à Dieu que leur amour devienne vivant et fort et s'épanouisse dans un foyer solide et durable.

Tous deux souhaitaient pour leur maison la joie, la paix et le bonheur que Dieu donne à ceux qui lui font confiance.

Dans le cœur de Marie, il y avait place pour Dieu et pour Joseph.

L'Ange Gabriel fut envoyé par Dieu
dans une ville de Galilée, appelée Nazareth,
à une jeune fille, fiancée à un homme nommé Joseph,
de la famille de David ;
cette jeune fille s'appelait Marie.
L'Ange entra chez elle et lui dit :
« Réjouis-toi,
toi qui as la faveur de Dieu,
le Seigneur est avec toi. »
A ces mots, elle fut bouleversée
et elle se demandait ce que pouvait signifier cette salutation.
L'Ange lui dit :
« Rassure-toi, Marie,
car tu as trouvé grâce auprès de Dieu.
Voici que tu vas être enceinte,
tu enfanteras un fils et tu lui donneras le nom de Jésus.
Il sera grand et on l'appellera Fils du Très Haut.
Le Seigneur Dieu lui donnera le trône de David son père ;
il régnera pour toujours sur la famille de Jacob
et son règne n'aura pas de fin. »
Marie dit à l'Ange :
« Comment cela se fera-t-il,
puisque je suis vierge ? »
L'Ange lui répondit :
« L'Esprit-Saint viendra sur toi
et la puissance du Très Haut te couvrira de son ombre ;
c'est pourquoi l'enfant qui va naître sera saint
et sera appelé Fils de Dieu.
Et voici qu'Elisabeth, ta parente,
est enceinte, elle aussi, dans sa vieillesse,
elle en est à son sixième mois, elle qu'on disait stérile,
car rien n'est impossible à Dieu. »
Marie dit alors :
« Je suis la servante du Seigneur ;
qu'il me soit fait selon ta Parole. »
Et l'Ange la quitta.

Luc 1, 26-39

3
L'annonce faite à Marie

C'est au cours de ses fiançailles que Marie connaît le plus grand événement de sa vie, et ce événement rejaillira plus tard sur la vie des hommes du monde entier. C'est saint Luc, l'un des quatre évangélistes, l'un de ceux qui ont le plus connu Marie, qui nous le raconte.

Alors que Marie est chez elle, toute paisible dans sa maison, occupée peut-être à travailler ou à prier, ou aux deux en même temps, voilà qu'un messager de Dieu s'adresse à elle personnellement, en l'appelant par son nom.

Ce qui étonne Marie tout d'abord, c'est que l'Ange la salue par des paroles de joie : « Réjouis-toi, Marie ». Cette manière de dire bonjour la bouleverse, car son cœur ne s'y trompe pas : là où il y a la joie, là est l'Esprit de Dieu. Ne se réjouit-elle pas sans cesse de la Promesse de Dieu, ce Dieu qui doit venir ? Cette attente n'est-elle pas sa joie de vivre, même lorsque la vie est difficile, même lorsque le temps semble long ?

Avec tous les autres Juifs d'Israël, Marie vit la joie de l'espérance en Yahvé. C'est pourquoi elle est bouleversée par la joie même de cet instant.

Mais comme toute Juive pieuse, Marie sait aussi que « l'on ne peut voir Dieu sans mourir ». Alors la crainte l'emporte un peu sur la joie, au point de la troubler. Mais l'Ange lui dit : « Rassure-toi, Marie ». « Le Seigneur est avec toi ». Si Dieu est avec elle, que pourrait-elle redouter ? La peur fait place à la confiance. Marie peut alors accueillir la nouvelle que lui communique le messager de Dieu.

Les paroles de l'Ange qui s'accompagnaient de joie, s'accompagnent aussi de vie : Marie comprend que Dieu lui annonce qu'elle va devenir mère. Elle demande des explications à l'Ange, puisqu'elle est vierge et qu'elle ne vit pas encore avec Joseph.

L'Ange lui donne des précisions :
« L'Esprit viendra sur toi... »

Marie comprend alors que c'est l'Esprit Créateur qui la fera devenir mère.

Comment réagit Marie devant ce choix de Dieu, elle qui « a trouvé grâce auprès de Lui » ?

Pourquoi a-t-elle été choisie parmi les autres femmes, elle, une pauvre parmi les pauvres, si jeune encore ?

Marie va accueillir ce choix et cette nouvelle mystérieuse, comme elle a accueilli le messager de Dieu, dans la simplicité de son cœur, avec toute sa foi de Juive ardente, attentive aux signes de la venue du Messie.

4
La réponse de Marie

Marie demande les explications nécessaires, car tout en ayant son cœur en Dieu, elle a les pieds sur terre ! Mais elle accepte de ne pas tout comprendre du premier coup, de ne pas tout savoir à l'avance.

Marie risque pourtant de se trouver dans une situation difficile, même dramatique. En effet, comment va réagir Joseph son fiancé lorsqu'il s'apercevra qu'elle attend un enfant ? La Loi en Israël ne prescrit-elle pas de tuer à coups de pierre les femmes enceintes qui ne sont pas mariées ?

Toutefois, malgré les difficultés inévitables, malgré les souffrances possibles, pas un instant Marie ne met en doute la Parole de Dieu. Un signe lui a été donné : Elisabeth, sa cousine, qui ne pouvait avoir d'enfant va en avoir un. Vraiment rien n'est impossible à Dieu.

Marie comprend que c'est Dieu qui intervient dans sa vie pour faire quelque chose de très important en faveur d'Israël son peuple. Aussi elle prend le risque : elle accepte cette proposition qui vient de Dieu.

Pourtant elle pourrait dire non, car sa liberté est grande. En effet, Marie n'est pas prisonnière de l'égoïsme qui enferme, qui replie sur soi. Marie n'est heureuse qu'en aimant, en s'ouvrant aux autres, en se donnant.

Si elle dit oui, c'est parce qu'elle est attirée par ce qui est beau, ce qui est grand, ce qui est vrai. Et c'est pour cela qu'elle donne sa réponse :

« Je suis la Servante du Seigneur,
qu'il me soit fait selon ta Parole. »

Grâce au oui de Marie, Dieu peut réaliser son projet : que tous les hommes puissent le connaître, Lui, le seul vrai Dieu.

Par ce oui, Jésus va pouvoir venir au monde. Le oui de Marie permet à Dieu de prendre visage d'homme. Homme destiné à redonner à tous les hommes leur vraie liberté.

Par ce oui, Marie commence à porter dans sa chair le Fils de Dieu.

5
Un événement pour les croyants

« Comment cela se fera-t-il ? »

Marie a posé la question et a accueilli la réponse du messager de Dieu. Elle a fait confiance à la Parole de Dieu.

Mais pour nous ce n'est pas si simple. Nous nous répétons la question : « comment cela peut-il se faire ? »

Un enfant va naître d'une femme seule qui demeure vierge, et non de la rencontre d'un homme et d'une femme, comme c'est normal et naturel.

Voilà qui semble impossible et qui peut paraître choquant. Beaucoup de gens refusent d'un croire, parce qu'un tel événement est incompréhensible.

Pourquoi Jésus n'est-il pas né, comme tous les enfants, d'un père et d'une mère, de l'union de Joseph et de Marie ? Était-ce indigne de Jésus ? Est-ce qu'on ne se trompe pas en affirmant de telles choses ?

Quand un homme et une femme s'unissent pour donner la vie à un enfant, ils font une chose très grande et très belle qui les rend semblables à Dieu Créateur. On dit qu'ils sont procréateurs. La Bible nous le révèle :

« Dieu créa l'homme à son image,
à l'image de dieu, Il le créa,
homme et femme. Il les créa.
Dieu les bénit et leur dit :
Soyez féconds, multipliez-vous,
emplissez la terre et soumettez-la. » (Genèse I, 27-28).

Non, ce n'aurait pas été indigne de Jésus, de naître de l'union de Joseph et de Marie.

Alors pourquoi cette naissance extraordinaire ? Seul, notre cœur de croyant peut le comprendre en accueillant ce que nous dit l'évangile.

Si Jésus vient dans notre monde, c'est pour faire du neuf : une terre nouvelle, un monde nouveau, où régnera la justice, où l'amour aura le dernier mot, où les hommes s'aimeront enfin pour de bon. Avec Jésus c'est une nouvelle création qui commence et c'est le grand et long travail de Dieu avec les hommes pour enfanter ce monde nouveau et fraternel.

Tout seuls, nous ne pourrions y parvenir. Il faut que Dieu lui-même vienne réaliser cette nouvelle création, car l'Amour vient de Lui.

Jésus est le premier-né de cette nouvelle humanité qui va vivre d'amour. C'est pour cela que Jésus n'est pas venu au monde par la puissance d'un homme, mais par la puissance créatrice de Dieu. C'est ce que l'Ange annonce à Marie :

« L'Esprit-Saint viendra sur toi
et la Puissance du Très-Haut
te couvrira de son ombre. »

Comme aux premiers jours du monde quand l'Esprit planait sur les eaux, l'Esprit Créateur vient sur Marie pour faire exister Jésus le premier-né du monde nouveau.

Adam est le premier homme appelé par Dieu à la vie, créé par lui.

Jésus est le premier des hommes nouveaux qui sont par Lui et avec Lui Enfants de Dieu. Il en est le Chef. Jésus est le Nouvel Adam.

Eve est la première femme qui a donné la vie à un enfant ; on l'appelle la Mère des Vivants.

Marie est la Nouvelle Eve, car elle est la Mère de Celui qui nous donne la vraie Vie, La Vie d'Enfants de Dieu.

6
La foi de Marie

Evidemment tout ceci est assez difficile à comprendre et encore plus difficile à expliquer. Mais les mystères ne sont pas des choses qui n'ont pas de sens ; ce sont seulement les étoiles d'un monde encore inconnu qui scintillent pour nous inviter à venir voir enfin de mieux comprendre ce qui se passe vraiment. Ce monde, on ne peut le découvrir que si l'on accepte d'abord d'y pénétrer, un peu comme dans l'obscurité, en ne sachant pas toujours où l'on met les pieds. C'est seulement ensuite que l'on peut marcher dans la lumière.

Au début, on fait confiance... mais après les yeux s'ouvrent et l'on voit !

Ce monde, on peut l'appeler aussi le monde de la foi ou le Royaume de Dieu. Et, pour en revenir à Marie, c'est peut-être elle la plus belle des étoiles de ce monde-là...

C'est tellement beau et lumineux un cœur qui aime et qui a confiance ; quelqu'un qui va de l'avant !

Marie ne sait pas ce que sera cet enfant qu'elle porte en elle, ce qu'il dira, ce qu'il fera. Elle ne connaît pas l'avenir. Elle ignore ce qui va arriver après. Mais elle vit en silence ces grandes choses qui lui ont été annoncées et elle continue à vivre au jour le jour une vie ordinaire. Rien ne la distingue des autres jeunes filles de son temps :

Elle prend l'eau à la même
fontaine
Elle cuit le pain de la même
façon
Elle file la même laine
Elle chante les mêmes
chansons…

Jeune fille silencieuse, mais présente à ce qui l'entoure, elle met des fleurs sur la table, apporte l'eau à l'assoiffé, console le pauvre qui passe, allume la lampe quand le jour baisse.

Marie jeune fille déjà femme

Marie « bénie entre toutes les femmes ».

Fleur prête à éclore… D'où lui vient son parfum ?

D'où lui vient cette grâce, d'où lui vient son secret ?

Marie porte en elle l'espérance d'Israël, le salut du monde.

Mon âme exalte le Seigneur
et mon esprit s'est rempli d'allégresse à cause de Dieu, mon Sauveur,
parce qu'il a porté son regard sur son humble servante.
Oui, désormais toutes les générations me proclameront bienheureuse,
parce que le Tout-Puissant a fait pour moi de grandes choses :
son Nom est Saint
et son amour s'étend d'âge en âge sur ceux qui le craignent.
Il est intervenu de toute la force de son bras,
il a dispersé les orgueilleux ;
il a jeté les puissants à bas de leurs trônes
et il a élevé les humbles ;
les affamés, il les a comblés de biens
et les riches, il les a renvoyés les mains vides.
Il est venu en aide à son serviteur Israël
se souvenant de son amour,
de la promesse faite à nos pères,
en faveur d'Abraham et de sa descendance pour toujours.

Luc 1, 46 à 56

7
Marie chante son bonheur

Marie vient de vivre un grand événement, mais ce bouleversement ne l'empêche pas de continuer la vie qui est la sienne.

Comme elle vient d'apprendre qu'Elisabeth, sa cousine, attend un enfant, elle se hâte d'aller lui rendre visite et la féliciter. Pour cela, elle doit franchir la montagne, car Elisabeth habite dans le haut pays.

Dès son arrivée, ce sont de grands bonjours, des cris de joie et d'enthousiasme, avec beaucoup de gestes d'affection comme c'est la coutume dans les pays d'Orient. On se salue, on s'embrasse, on dit très fort et longuement sa joie de se revoir et de se retrouver.

Mais cette visite n'est pas une visite comme les autres. En effet, dès qu'Elisabeth entend la salutation de Marie, l'enfant qu'elle porte en elle se met à bouger. L'évangile dit même qu'il « bondit ». Elisabeth est remplie de l'Esprit Saint. Bouleversée de joie, elle comprend, pousse un grand cri et reconnaît dans Marie la Mère du Sauveur. Sa joie fait place à l'étonnement et à l'humilité. « Comment se fait-il que la mère de mon Seigneur vienne à moi ? »

Et Marie se met à chanter son bonheur. Devant Elisabeth, Marie raconte ce qui vient de se passer : Dieu a tenu sa promesse, Il est fidèle. Il vient chez Lui, Il vient pour son peuple. Elle est heureuse.

L'Esprit est au cœur de toutes ces merveilles. Il est au cœur de cette rencontre entre Marie et Elisabeth. En fait, ce sont déjà les deux enfants, Jean-Baptiste et Jésus, qui se saluent par l'intermédiaire de leurs mères.

Ils commencent ainsi leur mission qui consistera pour Jean-Baptiste à préparer le chemin de Jésus, et pour Jésus à révéler que c'est lui le chemin qui conduit vers Dieu.

Marie chante ce que Dieu est en train de faire. C'est la Joie, la grande joie de Dieu qui vient, de Dieu qui sauve.

L'Evangile nous dit que Marie demeura avec Elisabeth environ trois mois, probablement jusqu'à la naissance de Jean-Baptiste, puis elle s'en retourna chez elle.

Marie est certainement celle qui se réjouit le plus de cette naissance. Mais, pour elle aussi, le temps se fait proche.

8
L'annonce faite à Joseph

Qu'est devenu Joseph dans tous ces événements ?

C'est un autre évangéliste, saint Matthieu, qui nous en parle.

Joseph a constaté que Marie est enceinte et il en est bouleversé. Il ne comprend pas ce qui arrive et son cœur est dans la nuit. Il continue d'aimer Marie et il voudrait lui garder toute son estime et tout son respect.

Il ne veut pas l'accuser publiquement. Il ne le pourrait pas, car il l'aime trop pour cela. Aussi il décide de se séparer d'elle secrètement, discrètement.

C'est alors que Dieu intervient au milieu de sa nuit, pour lui faire comprendre ce qui se passe et lui demander d'accueillir Marie et son enfant.

« L'Ange du Seigneur lui apparut en songe et lui dit :
« Joseph, fils de David, ne crains pas de prendre chez toi Marie, ton épouse : l'enfant qu'elle porte en elle vient de l'Esprit-Saint. Tu lui donneras le nom de Jésus, car c'est lui qui sauvera son peuple de ses péchés. »

Matthieu 1, 20-22

A son réveil, Joseph est dans la lumière. Lui aussi attendait la venue du Royaume de Dieu. Il comprend que le moment est venu et que Dieu lui demande de prendre ses responsabilités d'époux et de père auprès de Marie et de Jésus. Aussi, sans plus tarder, il va chercher Marie et l'installe dans sa maison.

Ce n'est pas lui qui a donné la vie à l'enfant que Marie porte en elle, mais c'est lui qui en sera le père devant les hommes et devant la Loi.

C'est lui, Joseph, qui donnera son nom à cet enfant. Il va le reconnaître pour son fils, il l'aimera vraiment comme son fils, le protégera et l'aidera à grandir.

Pour les habitants de Nazareth, Jésus sera bien le fils de Joseph, le charpentier.

Pour tous ceux qui attendaient la venue du Messie, le rôle de Joseph sera très important. En effet, d'après les plus anciennes prophéties, le Messie devait naître dans la descendance du roi David. En le reconnaissant pour son fils, Joseph, qui était de la lignée de David, introduit Jésus dans sa famille, il en fait un descendant de David.

Ainsi, grâce à Joseph, Jésus pourra être reconnu comme le Messie promis par Dieu.

9
La naissance de Jésus

L'an 2000 en sera, à quelques années près, le 2000 e anniversaire !

Au moment de la naissance de Jésus, la Palestine faisait partie de l'empire romain gouverné par César-Auguste. Pour faire le compte du nombre exact de ses sujets, cet empereur ordonna un grand recensement de tous les habitants de son empire. Tout le monde dut donc se déplacer pour aller se faire inscrire et « compter » dans son lieu d'origine.

Joseph et Marie, habitants de Nazareth, faisaient partie du nombre ; et comme Joseph était de la maison et de la lignée de David, ils montèrent de Galilée en Judée, de la ville de Nazareth à la ville de David appelée Bethléem.

Quel grand voyage à travers collines et vallées ! Et ce voyage, Joseph et Marie doivent le faire à pied, car ce sont des pauvres. De toute façon, même avec un âne, la route demeure pénible. Les chemins sont caillouteux, le soleil ardent, les points d'eau se font rares dans le désert de Judée.

De plus Marie est enceinte. Ce voyage est éprouvant. Peut-être pense-t-elle à ce que sera la route et le destin de ce fils qu'elle porte en elle ?...

Joseph et Marie arrivent enfin à Bethléem. Mais l'heure de la naissance est proche. La fatigue se fait sentir, surtout pour Marie qui sent les premiers signes de l'accouchement.

Il faut absolument trouver un gîte pour la nuit. Joseph cherche, demande… Hélas ! pas de place pour eux à l'hôtellerie. Tout est déjà pris.

Alors ils se réfugient dans une dépendance, à l'étable, où dorment les animaux, et c'est là, sur la paille, que Jésus vient au monde.

… Quand les anges les eurent quittés pour le ciel, les bergers se dirent entre eux : « Allons donc jusqu'à Bethléem et voyons ce qui est arrivé, ce que le Seigneur nous a fait connaître. » Ils y allèrent en hâte et trouvèrent Marie, Joseph et le nouveau-né couché dans la crèche. Après avoir vu, ils firent connaître ce qui leur avait été dit au sujet de cet enfant. Et tous ceux qui les entendirent furent étonnés de ce que leur disaient les bergers.

Quant à Marie, elle conservait avec soin tous ces souvenirs et les méditait dans son cœur.

Luc 2, 15-20

Après avoir rencontré le roi Hérode, les Mages se mirent en route ; et voici que l'étoile qu'ils avaient vue en Orient avançait devant eux jusqu'à ce qu'elle vînt s'arrêter au-dessus de l'endroit où se trouvait l'enfant. A la vue de l'étoile, ils éprouvèrent une très grande joie. Entrant dans la maison, ils virent l'enfant avec Marie, sa mère, et, se prosternant, ils lui rendirent hommage ; ouvrant leurs coffrets, ils lui offrirent en présent de l'or, de l'encens et de la myrrhe.

Matthieu 2, 9-12

10
Marie enregistre tout

Que pense Marie de tout cela ?

L'évangile de Luc nous dit que Marie « conservait avec soin tous ces souvenirs et qu'elle les méditait en son cœur ».

Après la mort de Jésus, Marie méditera en effet tous ces événements avec les disciples ; elle aura souvent l'occasion d'en parler, d'y réfléchir, surtout avec Jean et Luc ; et c'est grâce à eux que nous pouvons parler maintenant de cette naissance de Jésus.

Devant cet enfant qui naît dans le plus grand dénuement, la souffrance de Marie est grande, celle de Joseph aussi. Marie aurait sûrement préféré que Jésus naisse dans leur maison, au milieu de tout ce qu'ils avaient préparé pour lui. Mais Marie garde, intacte, sa foi en Dieu.

Plus tard, dans la lumière de Pâques, elle comprendra qu'il fallait que Jésus souffre pour entrer dans sa gloire. Peu à peu, elle comprendra mieux le destin de son fils.

Dès sa naissance, Jésus connaît la plus grande pauvreté. Mais ne vient-il pas annoncer la Bonne Nouvelle à tous les pauvres ? C'est Luc qui nous le fait comprendre en nous rapportant la visite des bergers qui étaient parmi les plus pauvres de ce temps-là, rejetés, méprisés et mal vus des « bien-pensants ».

Jésus vient pour tous. Il est la lumière du monde. Il ne vient pas seulement pour Israël, mais pour tous les hommes du monde entier. C'est Matthieu qui nous le fait comprendre en rapportant la visite des Mages, ces savants qui viennent de l'Est. « Nous avons vu son Etoile se lever », disent-ils. Jésus, l'Enfant de Marie, est déjà cette Espérance pour tous les hommes, la joie du Soleil Levant après l'angoisse de la nuit.

Au moment de la naissance de Jésus, Marie ne comprenait sans doute pas toutes ces choses. Mais elle avait confiance en la vie, confiance en son enfant que Dieu lui avait donné, confiance en « son étoile ».

11
De bouleversantes prédictions

Un mois environ après la naissance de Jésus, Joseph et Marie partent pour Jérusalem.

La loi juive, en effet, demandait aux femmes qui venaient d'avoir un enfant d'aller au Temple de Jérusalem pour y présenter une offrande. S'il s'agissait d'un enfant premier-né, il devait être présenté au Seigneur. Joseph et Marie, qui n'étaient pas riches, apportèrent l'offrande des pauvres : deux tourterelles.

En montant vers le Temple pour présenter son enfant au Seigneur, Marie devait penser à tout ce qui venait d'arriver : la naissance de Jean, le fils de sa cousine Elisabeth, la naissance de Jésus dans l'étable à Bethléem. Elle se rappelait les paroles de l'Ange. Avec Joseph elle priait pour que leur enfant Jésus puisse réaliser ce que Dieu attendait de lui.

Et voici qu'en entrant dans le Temple, ils rencontrent un vieillard nommé Siméon. Cet homme, lui aussi, attendait la libération d'Israël, la venue du Royaume de Dieu. L'Esprit Saint lui avait fait comprendre qu'il ne mourrait pas sans voir le Messie. En les voyant, Siméon est rempli de joie. Il prend l'enfant dans ses bras et se met à rendre gloire à Dieu, en disant :

« Maintenant, tu peux me laisser partir en paix,
car mes yeux ont vu
ce que tu prépares pour le salut de tous les peuples,
lumière pour éclairer les païens
et gloire d'Israël ton peuple. »

Luc 2, 29-32

Joseph et Marie étaient étonnés de ces paroles. Siméon les bénit. Puis il s'adresse à Marie :

« Cet enfant va provoquer la division et la contestation.
Pour certains il sera une occasion de chute, et pour d'autres
une occasion de relèvement.
Pour toi un glaive te transpercera l'âme. »

Marie ne comprit que plus tard le sens de ces paroles : en voyant le pays divisé à cause de Jésus, elle en sera bouleversée. Et lorsqu'elle se tiendra debout au pied de la croix, son cœur, il est vrai, sera transpercé par la douleur.

Pour l'instant, elle commence à comprendre que la vie de son fils et la sienne seront marquées par l'épreuve. Mais elle garde confiance. La joie de Siméon domine toutes ces sombres paroles. Elle annonce bien, cette joie, que la lumière et la vie triompheront des ténèbres et de la mort.

12
Sur les routes de l'exil

Les épreuves ne sont pas terminées pour Marie.

Après la naissance de Jésus dans la pauvreté de l'étable, voici qu'arrivent de terribles nouvelles : le roi Hérode a décidé de faire mettre à mort tous les enfants de moins de deux ans nés à Bethléem et dans les environs. Il est inquiet pour son trône. La venue des Mages l'a troublé : le Messie dont ils parlent ne va-t-il pas prendre sa place ?

Joseph, qui a été averti en songe de cette grande menace, prend l'enfant et sa mère et part en Egypte, pour que Jésus échappe au massacre.

C'est donc la fuite immédiate, avec tout ce que cela comporte d'angoisse pour Marie : les bagages à faire en hâte, la route à faire de nuit, la peur à la moindre alerte, l'insécurité des chemins, l'arrivée en terre étrangère. Marie s'appuie sur Joseph, son époux. Il est le chef de famille et le guide du voyage.

Malgré le souci et l'incertitude du lendemain, l'un et l'autre mettent en Dieu toute leur confiance.

Pour Joseph et Marie, l'Egypte évoque des tas de souvenirs chers à tous les Israélites. L'Egypte, c'est le pays où ont vécu leurs ancêtres : Jacob et ses fils s'y étaient établis et leurs descendants étaient devenus les esclaves des Egyptiens.

Joseph et Marie se rappellent ce texte de la Bible qu'ils récitent dans la prière :

« Souviens-toi, Israël, que je t'ai fait sortir d'Egypte
à main forte et à bras étendu. »

Ils se souviennent de Moïse qui, lui aussi, comme Jésus, a échappé autrefois au massacre ordonné par le Pharaon ; Moïse qui, lui aussi, était appelé par Dieu à devenir le Sauveur de son peuple, le conduisant à travers la Mer Rouge jusqu'à la Terre Promise.

L'Egypte est aussi le lieu de l'épreuve, où la foi se purifie, où la prière devient plus ardente.

Joseph et Marie se confient totalement en Celui qui les conduit ; et Jésus est là, signe et témoin de la Promesse, Présence de Dieu avec eux.

13
Le retour au pays

Saint Matthieu nous raconte ce retour au pays dont la joie ne devait pas être absente. Mais laissons-le parler :

« Après la mort d'Hérode, l'Ange du Seigneur apparaît en songe à Joseph, en Egypte, et lui dit : « Lève-toi, prends avec toi l'enfant et sa mère, et mets-toi en route pour la terre d'Israël ; en effet ils sont morts, ceux qui en voulaient à la vie de l'enfant. » Joseph se leva, prit avec lui l'enfant et sa mère et il entra dans la terre d'Israël. Mais apprenant qu'Archélaüs régnait sur la Judée à la place de son père Hérode, il eut peur de s'y rendre ; et divinement averti en songe, il se retira dans la région de Galilée et vint habiter une ville appelée Nazareth, pour que s'accomplisse ce qui avait été dit par les prophètes : il sera appelé Nazaréen. »

Matthieu 2, 19-23

La vie de famille reprend donc normalement à Nazareth. Joseph y exerce son métier de charpentier. Il fabrique des outils, des meubles. Il travaille à la construction des maisons. Jésus a sans doute appris, lui aussi, ce métier avec Joseph.

Marie s'occupe de la maison, des repas, du ménage, de la lessive. Elle discute avec les autres femmes de Nazareth en allant à la fontaine. Peut-être Jésus l'aide-t-elle à porter l'eau jusqu'à leur maison, à moudre les grains de blé pour faire la farine, à écraser les olives pour faire l'huile. L'évangile ne nous donne pas de détail sur cette vie de Marie, Joseph et Jésus à Nazareth ; mais nous l'imaginons d'après les connaissances que nous avons de la vie des Israélites en ce temps-là.

Rien ne les distingue des autres Nazaréens. Comme eux, ils vont prier à la Synagogue où ils retrouvent leur parenté et leurs amis.

Mais si Marie sait vivre discrètement, dans le « secret », elle connaît aussi la joie du partage fraternel. Elle prend le temps d'accueillir les hôtes de passage, la famille, les amis, les voisins, les pauvres et tous les démunis. En parlant avec eux, elle prend part à leurs joies comme à leurs peines, vibrant à tout ce qu'ils vivent.

Marie sait réjouir tous ceux qui viennent à elle. Joseph et Jésus sont les premiers à bénéficier de cette joie qui l'habite.

14
Jésus disparaît

Voici que Jésus a douze ans. C'est un événement, car à cet âge-là un garçon juif devient majeur : ce n'est plus un enfant, il doit, comme les adultes, accomplir toutes les prescriptions de la Loi.

Cette année, par conséquent, Jésus va devoir accompagner ses parents en pèlerinage à Jérusalem pour la grande fête de la Pâque. Il fera la route avec eux.

Marie a tout préparé pour ce long voyage (une centaine de kilomètres à faire à pied) : les vêtements, les provisions. Surtout, avec Joseph et Jésus, elle s'est préparée, dans la prière, à la célébration de cette grande fête qui rappelle « la sortie d'Egypte », lorsqu'Israël échappa à l'oppression du Pharaon et des Egyptiens.

A Jérusalem, c'est la foule des grands jours de fête. Dans le Temple immense, magnifique, qui vient d'être reconstruit, la foule chante les psaumes. Les prêtres immolent les agneaux qui seront mangés au cours du repas pascal. Le soir de Pâque, c'est le grand repas, pris en famille, accompagné du chant des hymnes et des prières d'action de grâces.

Après ces jours de fête, on reprend la route par petits groupes : voisins et connaissances d'un même village. Joseph et Marie marchent ensemble, avec des parents ou des amis. Jésus n'est pas avec eux. Maintenant qu'il est grand, il marche et discute avec ses amis. Le soir venu, on s'arrête à l'étape pour camper et passer la nuit. Mais Jésus n'est pas là, Marie et Joseph ne le trouvent dans aucun des groupes de la caravane.

Qu'est devenu Jésus ? Joseph et Marie décident de repartir à Jérusalem, espérant le rejoindre à une prochaine étape. Mais il leur faudra trois jours de recherche dans l'angoisse avant de le retrouver à Jérusalem dans le Temple.

Jésus est assis au milieu des Maîtres qui enseignent la Loi de Dieu. Il les écoute et les interroge. Tous sont dans l'admiration devant l'intelligence de ses réponses.

Marie est encore toute troublée par l'angoisse qu'elle a vécue pendant ces trois jours. Elle ne comprend pas que Jésus ait agi de la sorte, qu'il soit demeuré là à Jérusalem sans prévenir ses parents, et elle le lui dit :

« Mon enfant, pourquoi as-tu agi ainsi avec nous ? Vois, ton père et moi, nous te cherchons tout angoissés. »

Mais Jésus répond :

« Pourquoi donc me cherchiez-vous ? Ne saviez-vous pas qu'il me faut être chez mon Père ? »

Luc 2, 48-49

Joseph et Marie ne saisirent pas ce qu'il voulait dire. Marie cependant gardait tous ces événements dans son cœur.

Après la mort et la résurrection de Jésus, les Apôtres et Marie comprendront ce que Jésus leur annonçait, en cette Fête de Pâque, dans le Temple de Jérusalem : Jésus est venu pour nous conduire à Dieu son Père.

C'est aussi après trois jours d'angoisse et de détresse que Jésus leur fera connaître qu'il est vivant pour toujours, ressuscité : « Pourquoi cherchez-vous parmi les morts Celui qui est Vivant ? »

15
Jésus prend ses distances

Les années passent. Marie voit grandir Jésus. Il devient un homme. Sa personnalité s'affirme.

Marie sent que Jésus s'intéresse de moins en moins à son travail de charpentier, aux affaires de la famille et du village. Quand il discute avec Marie ou avec les gens de Nazareth, très vite il se met à parler de la venue du Royaume de Dieu et il laisse entendre que c'est pour bientôt.

Très souvent Jésus quitte Nazareth pour s'en aller prier dans le désert ; ou bien il va rejoindre son cousin Jean et ses disciples.

Jean est un passionné. Voici longtemps qu'il a quitté ses parents, Elisabeth et Zacharie. D'ailleurs il a tout laissé, ses amis, ses affaires, ses beaux habits. Il vit au bord du Jourdain, vêtu d'un vêtement en poil de chameau serré par une ceinture de cuir, se nourrissant de ce qu'il trouve sur place : des sauterelles et du miel sauvage.

Jean fait parler de lui. Beaucoup de jeunes — et de moins jeunes — l'ont suivi. Ils vivent comme lui dans la pauvreté, le jeûne, la prière, remplis d'une grande espérance.

Les foules viennent à lui, de Jérusalem et de tous les environs. Elles sont séduites et secouées par sa parole ardente et passionnée. Jean n'a peur de personne : soldats romains ou notables juifs, il leur reproche leurs torts et les invite à changer de vie. Il ne craint pas d'interpeller le roi Hérode pour dénoncer sa mauvaise conduite.

Jésus admire Jean. C'est auprès de lui et de ses disciples qu'il est heureux.

Marie suit tout cela de loin. Elle reste à sa place de femme juive, un peu effacée. Mais elle sait bien que de grandes choses se préparent et que Jean prend beaucoup de risques à parler comme il le fait. Elle se souvient des paroles de Siméon et elle réalise qu'il faudra endurer de grandes épreuves pour que vienne le Royaume de Dieu.

Un jour Jésus a quitté définitivement Nazareth, et Marie a compris que désormais il se donnait tout à Dieu et à son peuple.

Quelque temps après, en allant à la fontaine, elle a eu des nouvelles de ce qui s'était passé au bord du Jourdain : « Jésus, lui aussi, s'est fait baptiser par Jean. Depuis, il s'en va dans les villes et les villages de Galilée, et il se met à prêcher : le Royaume de Dieu est tout proche. Beaucoup de gens commencent à se rassembler autour de lui et Jean, paraît-il, se demande si Jésus ne serait pas Celui qui doit venir... "le Messie". »

Marie accueille ces nouvelles et prie ardemment pour que vienne ce Règne de Dieu.

16
Un repas de mariage

Un jour Marie est invitée à un mariage. Il se trouve que Jésus et ses disciples le sont aussi. L'évangile ne signale pas la présence de Joseph ; peut-être était-il déjà mort.

Les noces ont lieu à Cana en Galilée. Il y a beaucoup de monde, une belle ambiance. Personne n'est pressé de repartir. Le vin contribue largement à mettre le cœur en fête... Mais soudain, catastrophe ! le vin commence à manquer.

Marie devine la consternation du maître de maison. Elle pense à toute cette joie qui risque de s'en aller. Elle pense peut-être, en même temps, à ce banquet promis par Dieu, dont parle la Bible : Banquet qui annonce la joie de la venue du Messie, banquet où coulent de bons vins vieux.

Alors Marie s'approche de Jésus : « ils n'ont plus de vin ». Marie connaît son fils. Elle sent qu'il peut faire quelque chose et elle vient vers lui avec toute sa confiance. Elle ne lui commande pas un geste, elle lui expose simplement la situation : « ils n'ont plus de vin ».

« Femme que me veux-tu ? » lui répond Jésus. Cette réponse peut paraître dure, mais Jésus veut montrer qu'il est libre. Il entend bien la demande de sa mère. Peut-être pense-t-il, lui aussi, à la Joie du Banquet du Royaume de Dieu qu'il vient communiquer aux hommes.

Marie sent que son fils a compris le sens de sa requête. C'est pourquoi elle dit simplement aux serviteurs présents : « Faites tout ce qu'il vous dira. » Elle s'en remet entièrement à Jésus et elle demande aux disciples, témoins de la scène, d'en faire autant.

Et voici que l'eau se change en vin et qu'il y en a en surabondance, et que c'est du meilleur !

Tout le monde est dans l'admiration, et les plus fervents comprennent eux aussi ce que Jésus vient de faire. Ils se rappellent les paroles du prophète Isaïe :

« Le Seigneur, le Tout-Puissant, va donner un festin pour tous les peuples,
un festin de viandes succulentes et de vin vieux décanté.
Le Seigneur Dieu essuiera les larmes de tous les visages.
On dira ce jour-là : c'est Lui notre Dieu.
Exultons, jubilons, puisqu'il nous sauve. »

Isaïe 25, 6-8-9

Et certains commencent à croire en Jésus, à reconnaître que c'est lui le Messie.

Marie a provoqué ce premier miracle de Jésus, et les disciples croient en lui. C'est la foi de Marie qui fait naître la foi des premiers disciples.

« Qu'il me soit fait selon ta parole », avait-elle répondu à l'Ange. « Faites tout ce qu'il vous dira », dit-elle maintenant aux disciples. Marie les aide à avoir confiance en Jésus, à avoir foi en sa Parole.

Après ce premier signe, Marie accompagne Jésus jusqu'à Capharnaüm. Ils se retrouvent avec des cousins de Jésus et d'autres disciples. Ils y restent quelques jours.

17
La mère du Prophète

Après le mariage de Cana, Marie a donc accompagné Jésus à Capharnaüm, une ville au bord du lac de Tibériade où il réside souvent, peut-être dans la maison de Simon-Pierre. Marie est restée quelques jours avec lui avant de rentrer à Nazareth.

Là, elle a pu se rendre compte de la vie que mène Jésus.

De bonne heure, quand il fait encore nuit, il se lève pour aller prier. Puis il va à la Synagogue et, là, il enseigne, parle du Royaume de Dieu. Lorsqu'il rentre à la maison, elle est déjà pleine de monde : de tous les alentours, on lui amène des malades pour qu'il les guérisse. Les gens ne cessent d'entrer et de sortir, si bien que, parfois, Jésus et ses disciples n'ont pas le temps de prendre leur repas. La famille de Jésus a mal supporté cela ; elle aurait voulu l'emmener. « Il a perdu la tête », disent ses cousins.

Marie entend les réflexions que l'on fait sur Jésus. Beaucoup sont dans l'admiration devant ce qu'il dit : « Jamais homme n'a parlé comme cet homme »... « un grand prophète ! ». Mais elle entend aussi les réactions pleines de jalousie et de haine des scribes et des pharisiens : « Il est possédé du démon »... « c'est un ivrogne, un glouton. »

De retour à Nazareth, Marie perçoit les regards sceptiques ou ironiques des habitants sur son passage. Sa famille elle-même est divisée au sujet de Jésus.

Certains voudraient qu'il agisse de façon spectaculaire, qu'il utilise davantage son pouvoir de faire des miracles ; soutenu par le peuple il pourrait devenir roi. Mais Marie sait bien que si Jésus annonce le Royaume de Dieu, ce n'est pas pour prendre la place d'Hérode.

D'autres sont fiers d'être de la famille de Jésus... Un jour il les remettra à leur place. Marie était venue avec des cousins retrouver Jésus, mais la foule était si importante qu'ils n'arrivaient pas à le rejoindre. Alors on vient prévenir Jésus : *« Ta mère et tes frères sont dehors, ils veulent te voir. » Il leur répond : « Qui est ma mère et qui sont mes frères ? ce sont ceux qui écoutent la Parole de Dieu et qui la mettent en pratique. »*

Luc 8, 19-21

Une autre fois, Jésus parlait du Royaume de Dieu. Quand il eut fini de parler, une femme s'écria : « Comme elle est heureuse celle qui t'a mis au monde ! » Jésus répondit : « Heureux plutôt ceux qui écoutent la Parole de Dieu et qui la gardent. » Jésus pensait sans doute que c'était cela la grande qualité de Marie : sa Foi en la Parole de Dieu.

En tout cas, Marie voyait bien que c'était cela la grande affaire de Jésus : donner la vivante Parole de Dieu aux hommes.

Mais Marie sentait aussi que tous n'accueillaient pas cette Parole et que beaucoup étaient divisés à son sujet, et cela jusque dans son village. Les paroles de Siméon lui revenaient en mémoire :

« Cet enfant va provoquer la division et la contestation ; pour certains il sera une occasion de chute et pour d'autres une occasion de relèvement. »

18
La mère du condamné à mort

Les événements se précipitent.

Les Pharisiens sont de plus en plus « montés » contre Jésus. Quand on passe auprès d'eux, on les entend parler d'arrestation, de condamnation à mort.

Marie connaît les commentaires des uns, les menaces des autres. Certains la regardent avec mépris ou pitié, comme la mère d'un illuminé ou d'un blasphémateur. C'est vrai que Jésus n'a pas peur d'attaquer les pharisiens, de dévoiler leurs mensonges, de démasquer leurs hypocrisies, de confondre les injustices, de transgresser la loi. N'a-t-il pas guéri des malades un jour de sabbat ?

Marie voit que les ennemis de Jésus sont de plus en plus nombreux. Elle en souffre, mais elle sait aussi que Jésus ne reculera pas, qu'il ira jusqu'au bout de sa mission, quoi qu'il en coûte.

Sentant que Jésus est en danger, Marie vient à Jérusalem ; tout en restant discrètement à sa place, elle veut être proche de lui.

Les choses vont vite maintenant. Il y a quelques jours, on lançait des pierres sur Jésus. Il s'en était échappé. Mais hier soir, des soldats sont venus l'arrêter au jardin des oliviers, et toute cette nuit, il est resté gardé à vue. Marie vient même d'apprendre que Pierre a eu peur et qu'il n'a pas osé dire qu'il était l'ami de Jésus. Pauvre Pierre, comme il doit souffrir ! Ah voilà Jean, il a l'air bouleversé ! Marie s'approche de lui. Ensemble, ils essaient de se faire un passage parmi la foule pour voir ce qu'il en est.

C'est Barabbas qui a été libéré, c'est donc Jésus qui est condamné. Marie ferme les yeux, son cœur lui fait mal. Quand elle les rouvre, elle aperçoit Jésus chargé d'une croix, qui se dirige vers le calvaire. Jean soutient Marie, et tous deux prennent leur place dans la foule qui suit les condamnés encadrés par les soldats.

Trois fois Marie verra Jésus tomber sous le poids de la croix. Elle sait combien le bois est lourd. Elle a souvent vu Joseph peiner pour déplacer des poutres.

C'est maintenant le haut du calvaire. On arrache les vêtements de Jésus, la tunique qu'elle lui avait taillée sans couture.

Jésus est cloué sur la croix.

Marie, toujours accompagnée de Jean, s'approche tout près. On les laisse venir. Elle se tient debout près de son fils. Jusqu'au bout, elle veut être avec lui.

En le voyant sur la croix et en l'entendant crier sa détresse, Marie pense que tout est perdu. Son cœur se brise. Elle souffre avec lui.

Mais Jésus ne se laisse pas vaincre par le désespoir ; il pardonne à ses bourreaux, se tourne vers son Père et s'en remet totalement à Lui : « Père, je remets mon âme entre tes mains. »

Marie recueille ces dernières paroles comme une lumière dans sa nuit. C'est pourquoi elle ne s'effondre pas. Elle peut rester debout. Elle croit de nouveau en la mission de son fils.

Jésus meurt.

C'est dans les bras de Marie que le corps de Jésus est déposé avant d'être placé dans un tombeau. En contemplant son fils mort, Marie s'ouvre à l'espérance. Elle le revoit à douze ans, le jour de Pâque, et réentend sa voix : « Pourquoi me cherchez-vous ? Ne savez-vous pas que je dois être chez mon Père ? »

Marie commence à mieux comprendre d'où il vient, où il va. Elle aussi s'en remet à Dieu.

19
Après la mort de Jésus

Marie, brisée par la fatigue et la douleur, mais le cœur rempli d'espérance, est repartie en s'appuyant sur Jean. C'est chez lui qu'elle va habiter désormais, puisque Jésus la lui confie avant de mourir.

« Voyant sa mère et près d'elle le disciple qu'il aimait, Jésus dit à sa mère : « Femme voici ton Fils ». Il dit ensuite au disciple : « Voici ta mère ». Et depuis cette heure-là, le disciple la prit chez lui. »

Jean 19, 26-27

Marie entre maintenant dans un grand silence. Elle se recueille, et l'Esprit-Saint l'éclaire et la fortifie. C'est pour elle comme un nouvel enfantement, comme si elle mettait de nouveau Jésus au monde. Peu à peu, l'immense douleur dont elle était accablée s'apaise et en son cœur se fait un grand calme, une paix profonde comme la nuit d'Orient criblée d'étoiles.

Et voici que maintenant c'est l'aube de Pâque : d'un coup les collines de Judée ont blanchi et le ciel éclate de la joie du soleil levant.

Une parole de Jésus resurgit dans le cœur de Marie : « Lorsque la femme enfante, elle est dans la douleur parce que son heure est venue ; mais lorsqu'elle a donné le jour à l'enfant, elle ne se souvient plus de son accablement, elle est toute à la joie d'avoir mis un homme au monde. »

Le silence de Marie se fait encore plus grand. Elle se laisse conduire par l'Esprit, et au fond de son cœur, et au bout de sa nuit, elle reconnaît Jésus, Vivant, Ressuscité.

Alors son visage se transforme, il est inondé de joie.

C'est la joie de la Vie qui l'emporte maintenant.

C'est la joie de la terre qui éclate au printemps.

Marie aurait envie de crier sa joie à tous les disciples : « Réjouissez-vous, car mon Fils était mort et le voilà vivant ! » Mais elle préfère garder le silence, demeurer dans la paix retrouvée, dans la contemplation de Jésus. Il faut que les disciples fassent leur chemin, et c'est Jésus qui ira lui-même à leur rencontre.

Jean est auprès de Marie, partagé entre le désespoir et de brèves lueurs d'espérance. Il n'y tient plus, il court au tombeau avec Pierre, et il voit le tombeau vide. « Il vit et il crut », dit-il dans son évangile. Jean a eu besoin de voir ce signe pour croire. Les disciples verront à plusieurs reprises le Seigneur Jésus ressuscité. Ils auront besoin de ces visions, de ces apparitions de Jésus pour croire qu'Il est Vivant, ressuscité.

Marie n'a pas eu besoin de voir pour croire. Fortifiée par l'Esprit Saint, sa Foi était assez grande pour rejoindre, dans la contemplation, Jésus vivant auprès du Père.

« Heureux ceux qui ont cru, sans avoir vu. »

20
Avec les Apôtres, sous le feu de l'Esprit

Des semaines extraordinaires viennent de s'écouler depuis Pâque.

Après la mort de Jésus, le groupe des Apôtres et des disciples s'est un peu désorganisé. Ils se sont dispersés comme des brebis sans berger. Certains ont fui Jérusalem par peur d'être arrêtés. Maintenant, il ne fait pas bon être reconnu pour un ancien disciple de Jésus.

Pierre, Thomas, Nathanaël, André, Jacques et Jean sont repartis un moment en Galilée. Ils ont repris leurs activités de pêcheurs sur le lac de Tibériade. Mais Jésus leur est apparu de nouveau. Peu à peu, ces apparitions les ont rassurés et ils ont commencé de croire sérieusement que Jésus était vraiment ressuscité.

Suivant l'ordre de Jésus, ils se sont regroupés dans la chambre haute d'une maison de Jérusalem. Les onze apôtres sont là, plus Matthias, celui qui a été désigné pour remplacer Judas. Il y a aussi quelques femmes qui avaient accompagné Jésus pendant qu'il prêchait en Galilée et en Judée. Il y a aussi ceux que l'évangile appelle les « frères de Jésus ». Et Marie est là, au milieu de ce petit groupe.

Marie prie dans l'attente et dans l'espérance.

Elle fait revivre dans sa mémoire tous les événements qui se sont accomplis depuis la naissance de Jésus jusqu'à sa mort sur la croix. Elle en parle avec les Apôtres et, avec eux, elle découvre le sens profond de toute cette histoire.

Les Apôtres se transforment peu à peu, leur foi en Jésus devient forte et vivante. Maintenant lorsqu'ils parlent de Jésus, ils l'appellent « le Seigneur ». Car, pour eux, Jésus a remporté la plus grande des victoires : il a vaincu la mort, il est bien le Maître de la vie.

Marie est fortifiée par cette foi des Apôtres. Et les Apôtres reçoivent de Marie la joie de l'espérance. Ensemble ils redécouvrent les merveilles que Jésus a accomplies, lorsqu'il était au milieu d'eux. Ensemble ils font l'apprentissage de cette nouvelle vie avec Jésus ressuscité. Ce qu'ils se disent entre eux, c'est déjà la Bonne Nouvelle de Jésus, l'Evangile. Bientôt les Apôtres vont l'annoncer au monde.

La fête de la Pentecôte arrive. C'est le jour où tous les Juifs se souviennent de l'Alliance que Dieu a conclue avec Israël auprès du Mont Sinaï : « Vous serez mon Peuple et moi je serai votre Dieu. »

Le petit groupe est en prière avec Marie, et voici que tout d'un coup ils sont transformés, bouleversés. C'est comme un vent violent qui les pousse en avant, c'est comme un feu qui les éclaire et qui les brûle intérieurement. Ils sont ivres de joie. Ils ne peuvent plus tenir enfermés dans la maison. Pierre, le premier, ouvre la porte et sort.

Jérusalem est envahie par la foule des pèlerins venus pour célébrer la fête. Alors Pierre se met à haranguer la foule ; et Marie entend sa voix vibrante et rocailleuse, pleine de force et d'assurance.

« Jésus, le Nazaréen, que vous avez mis à mort, Dieu l'a ressuscité : nous en sommes tous témoins. »

Le cœur de Marie est inondé de joie. Quelle transformation ! ce Pierre qui par trois fois avait renié Jésus, voici que l'Esprit en a fait un homme nouveau, « un pêcheur d'hommes » ! Les foules se rassemblent autour de lui. Quand il a fini de parler, trois mille personnes se font baptiser au nom du Seigneur Jésus.

Alors Marie rend grâces à Dieu. Oui, le Seigneur a déployé la force de son bras. Son Esprit fait des merveilles avec les petits et les humbles. Il s'est souvenu de son Amour, en faveur d'Abraham et de sa descendance, pour toujours.

II
marie et le peuple chrétien

1
Après la mort de Marie

Un jour, Marie a achevé sa route sur la terre. Comme toutes les créatures, comme tous les hommes et toutes les femmes, elle a connu la mort.

Quand Marie est-elle morte ? on ne le sait pas. Les évangélistes n'en parlent pas.

Les Apôtres ont suivi l'ordre de Jésus ; ils ont proclamé la Bonne Nouvelle. Leur souci était de faire connaître Jésus le Sauveur.

Ils ont parlé de Marie à propos de Jésus. C'est pourquoi la place de Marie dans les évangiles reste discrète.

Pourtant l'histoire de Marie ne s'arrête pas à sa mort.

Au contraire, c'est une nouvelle histoire, extraordinaire, qui commence après sa mort.

Cette nouvelle histoire de Marie, elle se réalise dans le cœur des chrétiens, dans le cœur de l'Eglise.

2
La femme revêtue du soleil

Après la Pentecôte, les Apôtres et les premiers chrétiens ont commencé de comprendre le véritable sens de l'histoire de Jésus.

Dans la lumière de l'Esprit, ils ont découvert en même temps la grandeur de Marie. Choisie par Dieu pour être la mère du Sauveur, elle est vraiment unique et pleine de grâce, bénie entre toutes les femmes.

L'apôtre Jean l'a bien compris, puisque c'est chez lui que Marie a vécu après la mort de Jésus.

Après la mort de Marie, Jean reste seul, mais il rencontre beaucoup les nouvelles communautés chrétiennes. En vieillissant, il est témoin des persécutions que doivent subir les chrétiens à cause de leur foi. Il apprend la mort à Rome de ses compagnons Pierre et Paul.

Jean ne se laisse pas impressionner par la violence des persécutions. Pour lui, la vie éternelle est déjà commencée, il vit déjà avec Jésus le Ressuscité, même si ses yeux ne le voient pas encore.

Pour réconforter les chrétiens, il écrit une sorte de grand poème : l'Apocalypse. C'est une fresque grandiose : le combat que Dieu et son Peuple mènent ensemble. Le combat de la lumière contre les ténèbres, de la vie contre la mort.

Dans ce poème, Jean pense à Marie, à tout ce que Dieu a fait pour elle, au combat qu'elle a dû mener, elle aussi, dans sa vie.

« Un signe grandiose apparut au ciel :
une Femme,
le soleil l'enveloppe
la lune est sous ses pieds
et douze étoiles couronnent sa tête.
Elle est enceinte et crie dans le travail de l'enfantement.
Puis un second signe apparut au ciel :
un énorme dragon rouge feu à sept têtes et dix cornes,
chaque tête surmontée d'un diadème.
Sa queue balaie le tiers des étoiles du ciel et les précipite sur la terre. »

En arrêt devant la Femme en travail,
le Dragon s'apprête à dévorer son enfant aussitôt né.
Or la Femme mit au monde un enfant mâle,
celui qui doit mener les nations avec un sceptre de fer ;
et l'enfant fut enlevé jusqu'auprès de Dieu et de son trône,
tandis que la Femme s'enfuyait au désert,
où Dieu lui a ménagé un refuge. »

Apocalypse 12, 1-7

Marie est cette femme dont parle saint Jean. Elle a mis au monde Jésus. Elle a connu les épreuves de la crèche, de l'exil en Egypte, de la mort de son fils ; mais elle est maintenant revêtue de la gloire de Dieu, et cela pour toujours.

Cette Femme revêtue du soleil, c'est Marie que le Tout-Puissant avait recouverte de son ombre. Maintenant elle participe pleinement à la Résurrection de Jésus et la Lumière de Dieu l'envahit pour en faire une créature radieuse.

Femme, bénie entre toutes les femmes, elle est d'une splendeur qui n'écrase pas. Elle est un signe lumineux qui nous conduit à Dieu.

3
Marie et l'Eglise

En écrivant ce poème de l'Apocalypse, Jean pense également à l'Eglise, la grande famille des chrétiens.

L'Eglise, elle aussi, peut être comparée à cette femme aimée de Dieu. Comme elle, l'Eglise donne la vie aux enfants de Dieu ; elle connaît les épreuves, les persécutions, elle doit combattre l'esprit du mal pour demeurer fidèle.

Car l'histoire de Marie fait penser à l'histoire du peuple de Dieu.

Fille du peuple d'Israël, Marie a attendu et espéré la venue du Messie comme tous ses ancêtres. Et c'est elle qui a donné à son peuple ce Messie promis en mettant au monde Jésus. Aussi la parole du Prophète lui convient bien :

« Fille de Sion, réjouis-toi
car le Seigneur est en toi,
en vaillant sauveur. »

Après la Résurrection de Jésus, Marie a été comblée de tous les dons que Dieu a préparés pour ceux qu'il aime : après sa mort, elle est entrée avec Jésus dans la vie définitive qui ne connaît plus la mort.

Très tôt les chrétiens ont cru que Marie était vivante auprès de Dieu, avec son corps ressuscité. Ils ont pensé que Dieu ne pouvait la laisser prisonnière de la mort, elle qui avait donné la vie humaine à son fils Jésus. Dieu devait la prendre auprès de Lui, l'élever dans sa Gloire. C'est ce que l'on appelle l'Assomption.

Ainsi, en regardant Marie, nous pouvons découvrir et reconnaître toutes les merveilles que Dieu veut réaliser pour son peuple : l'Eglise.

Marie a accueilli Jésus et elle s'est effacée devant lui.

L'Eglise n'existe que pour annoncer Jésus au monde.

Marie s'est laissé conduire par l'Esprit-Saint.
L'Eglise se veut servante et pauvre sous la conduite de l'Esprit-Saint.
Marie chante les merveilles de son Seigneur.
L'Eglise célèbre la Gloire de Dieu.

Marie est vivante avec Jésus ressuscité.
L'Eglise nous fait participer à la Résurrection de Jésus.

Tout ce que Dieu a fait en Marie, il le fait dans son Eglise.
Marie est l'image de l'Eglise.

4
Sainte Marie, Mère de Dieu

Reconnaissant que Dieu a fait de grandes choses en Marie, les chrétiens ont aimé la fêter, la saluer, en lui donnant les plus beaux noms.

Ce sont les chrétiens d'Orient qui ont osé les premiers lui donner le nom le plus extraordinaire qui puisse être donné à une femme : « Théotokos ». Ce mot grec veut dire : « Mère de Dieu ».

Ce nom donné à Marie a provoqué des disputes entre chrétiens. Certains trouvaient que c'était manquer de respect à Dieu : si Dieu est Dieu, il n'a pas de mère. Dieu n'a pas de commencement, bien plus il n'a pas de corps...

Ils avaient raison ces chrétiens ! Et pourtant Dieu qui existe depuis toujours a voulu se faire homme et prendre corps dans le sein de Marie. Marie est la Maman de Jésus qui est vraiment homme comme nous, mais qui est aussi vraiment Dieu. C'est en pensant à Jésus qui est Dieu, que l'on peut dire en toute vérité, que Marie, mère de Jésus, est aussi mère de Dieu.

C'est à Ephèse, la ville où Marie aurait vécu avec l'apôtre Jean, que, trois cents ans plus tard, ce nom lui fut donné officiellement. Ce sont les évêques qui prirent la décision, après avoir beaucoup réfléchi, au cours d'une grande réunion appelée Concile. Mais tout le peuple de la ville attendait cette décision et il fit une fête immense pour célébrer ce beau nom donné à Marie.

Cyrille, l'évêque d'Alexandrie, qui était venu à Ephèse pour le Concile, écrivit aux chrétiens de sa ville :

« Nous étions réunis environ deux cents évêques. Tout le peuple de la ville demeura en suspens du matin au soir, attendant le jugement du saint synode ... A notre sortie de l'église, on nous reconduisit avec des flambeaux jusqu'à nos demeures. C'était le soir : toute la ville illumina ; des femmes marchaient devant nous avec des cassolettes d'encens. »

5
Marie, notre Mère, notre Dame

Avant de mourir, Jésus a confié sa Mère à l'apôtre Jean. C'est Jean lui-même qui nous le rapporte dans son évangile :

« Voyant sa mère et près d'elle le disciple qu'il aimait, Jésus dit à sa mère : « Femme, voici ton fils. » Puis il dit au disciple : « Voici ta mère. » A partir de cette heure, le disciple la prit chez lui. »

Jean 19, 26-27

Si Jésus confie de la sorte sa mère à Jean, c'est sans doute parce que Marie était seule, veuve, et sans autre enfant. Jésus, avant de mourir, a le souci de l'avenir de sa mère et il la remet à son disciple préféré, le seul qui l'ait suivi jusqu'au bout, au pied de la croix.

Mais Jésus voit plus loin : au-delà de Jean, il pense à tous ceux qui croiront en lui. C'est déjà l'Eglise. Jésus lui demande d'accueillir Marie et de la reconnaître comme Mère.

C'est bien ainsi que les chrétiens ont compris cette parole de Jésus. Dans tous les pays et à toutes les époques, chaque communauté chrétienne a donné une place de choix à Marie et l'a reconnue et priée comme sa Mère.

Dans chaque église, Marie a sa statue ou son vitrail.

Au Moyen Age, on a construit en l'honneur de Marie d'immenses églises. La plupart des cathédrales lui sont dédiées. Et même dans les plus petits villages, au détour d'un chemin, à l'angle d'une maison, Marie a sa statue.

Marie est devenue la Dame de chaque cité, c'est pourquoi elle a de si nombreuses appellations : notre Dame de Paris, de Chartres, de Cléry, de Boulogne, de Fourvières, de la Garde, etc...

Oui, il est normal que Marie ait sa place chez nous, puisque Jésus nous l'a donnée pour Mère. Nous pouvons lui parler le plus simplement du monde, lui demander de prier pour nous. Son cœur nous comprend. Elle peut nous conduire à Jésus et nous apprendre à avoir Foi en sa Parole.

6
Marie conçue sans péché

Sur certaines médailles ou sur des vitraux, on peut lire cette prière : « O Marie conçue sans péché, priez pour nous qui avons recours à vous. » Et au-delà des statues de Notre-Dame de Lourdes : « Je suis l'Immaculée Conception ».

Ces expressions sont compliquées et ne sont pas toujours bien comprises.

Certains pensent que, pour les chrétiens, c'est un péché de faire un enfant et que seule Marie aurait été mise au monde sans péché.

Ce n'est pas ainsi qu'il faut comprendre ces paroles.

Quand Dieu crée l'homme, il le crée homme et femme. Il leur dit :

« Soyez féconds, multipliez-vous ».

Ainsi, quand l'homme et la femme s'unissent pour mettre un enfant au monde, ils sont les collaborateurs de Dieu dans le travail de la création. A leur tour, ils donnent la vie. Pour Dieu cela est bon.

Mais alors que veut dire : « conçue sans péché » ?

Depuis toujours nous avons du mal à faire totalement confiance à Dieu, à nous laisser aimer par lui. Nous avons peur de Dieu, parce que nous nous faisons de fausses images de Lui.

Depuis toujours c'est ainsi : les hommes doutent de l'Amour de Dieu. C'est cela le péché dès l'origine.

En méditant le mystère de Jésus et de Marie, les chrétiens ont pensé que pour être la mère de Jésus, Marie aurait dû vivre dès le premier instant de sa vie dans la confiance et l'harmonie avec Dieu.

Pour être accordée à Jésus son fils, l'homme nouveau, il fallait que le cœur de Marie vive dès son origine en dehors de l'état de péché. Voilà ce que veut dire : « Marie conçue sans péché ».

7
Les prières à Marie

Beaucoup de gens prient Marie.

Mais peut-on prier Marie comme l'on prie Dieu lui-même ? Jésus nous a dit : « Lorsque vous priez, dites "Notre Père" ». Il ne nous a pas dit de prier Marie.

Alors pourquoi toutes ces statues, ces chapelles, ces cierges, ces chapelets, ces cantiques ? C'est que les chrétiens ont toujours eu grande confiance en la Mère de Jésus. Lorsqu'on aime bien quelqu'un et qu'on a confiance en sa prière, on lui dit : « Priez pour nous ». On estime qu'il peut faire quelque chose en notre faveur auprès de Dieu.

Il en est ainsi pour Marie. Nous avons confiance en elle. Nous la sentons bien placée pour intercéder en notre faveur. N'est-elle pas la Mère du Sauveur ? Alors nous n'avons pas peur de nous confier à elle.

Malheureusement, beaucoup de gens ont mal compris ce rôle de Marie. Ils s'adressent à elle comme si elle était Dieu. Ils en font une idole. D'autres pensent que c'est elle qui va les sauver ; ils lui donnent le rôle de son Fils. Or Jésus seul est Sauveur. Jésus seul est le Médiateur entre Dieu et les hommes.

C'est ce que nous rappellent nos frères protestants, quand ils nous reprochent de donner à Marie une place qui devrait être réservée à Dieu. Mais en fait quand nous nous adressons à Marie, c'est pour lui demander de prier pour nous. Nous savons que ce n'est pas elle qui peut nous sauver.

A sa place de Mère, unique et irremplaçable, Marie collabore à l'œuvre de son Fils. Elle prie pour notre salut. Elle intercède pour nous. Nous pouvons donc lui demander de prier pour nous et pour tous ceux qui nous sont chers. « Priez pour nous, pauvres pécheurs ».

Mais les prières à Marie ne sont pas que des demandes pour nous autres, pécheurs. Nous pouvons aussi lui dire tout ce que nous pensons à son sujet, en lui faisant des compliments, en la chantant, en reconnaissant toutes les merveilles que Dieu a accomplies en elle. En même temps, nous pouvons nous tourner vers Dieu pour le remercier de nous donner la Vierge Marie : « Soyez béni, Seigneur, en l'honneur de la Vierge Marie ! »

Ces prières sont souvent chantées ; certaines sont très anciennes, elles étaient chantées en latin.

Parmi les plus connues, on peut noter : le Salve Regina, l'Ave Regina Cœlorum.

Ave regina cœlorum...
Salut, Reine des cieux ! Salut, Reine des Anges !
Salut, Tige féconde ! Salut, Porte du ciel !
Par toi la lumière s'est levée sur le monde.
Réjouis-toi, Vierge glorieuse,
Belle entre toutes les femmes !
Salut, splendeur radieuse :
Implore le Christ pour nous.

D'autres prières chantées, qui n'étaient pas dites en latin, sont encore très répandues : « Vous êtes toute belle » ou « Chez nous soyez Reine ». Dans ton livre de Messe ou dans les carnets de chants déposés à l'église, tu trouveras également de nouvelles hymnes à Marie qui sont souvent très belles : « Réjouis-toi Marie », « Vierge de Nazareth », « Le Seigneur fit pour moi des merveilles », « Donne-nous ton Fils ».

L'Angélus est également une prière très ancienne que l'on peut dire le matin, à midi et le soir.

Des églises sonnent encore l'Angélus. Il nous rappelle le message de l'Ange à Marie.

Dans certaines régions de France, à la campagne surtout, on fête toujours le mois de Marie, le mois de mai, par des prières à l'église ou chez les habitants. Comme c'est le mois des fleurs, les statues sont davantage fleuries. On se réunit tantôt chez les uns, tantôt chez les autres pour prier cette Mère qui est la confidente des familles et pour lui demander de protéger tous les foyers que l'on connaît.

8
Le chapelet, le rosaire

Parmi les prières à Marie, la plus belle, la plus importante, la plus répandue dans le monde entier, celle que tous les chrétiens connaissent, celle que l'on apprend en premier, celle que l'on n'oublie pas, celle qui plaît le plus à Marie, celle que l'on peut dire même lorsqu'on ne sait pas grand-chose, lorsqu'on est fatigué, malade ou que l'on va mourir, c'est le

JE VOUS SALUE MARIE

Je vous salue, Marie,
pleine de grâce,
le Seigneur est avec vous.
Vous êtes bénie entre toutes les femmes,
et Jésus, le fruit de vos entrailles, est béni.
Sainte Marie,
Mère de Dieu,
priez pour nous, pauvres pécheurs,
maintenant, et à l'heure de notre mort. Amen.

On peut dire cette prière, plusieurs fois de suite, sans se lasser, comme un acte d'amour et de confiance envers celle qui écoute toute prière parce que son cœur de mère est proche de tous ses enfants.

LE CHAPELET

Le chapelet nous aide à dire tous ces *« je vous salue Marie »*, qui jaillissent de nos lèvres et de notre cœur.

C'est une chaîne parsemée de grains. Chaque grain correspond à un *« je vous salue Marie »*. Dix grains font une dizaine de chapelet qui contient en tout cinq dizaines.

Au bout du chapelet, il y a une croix qui nous rappelle Jésus. Marie nous conduit à son Fils qui a vaincu la mort pour nous donner sa joie, *« et cette joie, personne ne pourra vous l'enlever »*, a dit Jésus.

LE ROSAIRE

Au XIIe siècle, un moine qui aimait beaucoup la sainte Vierge lui avait donné le nom de Rose. Il lui parlait chaque jour :

« Réjouis-toi, fête de mon cœur…
Tu es de tous la plus belle…
Réjouis-toi. Rose d'amour… »

Un autre religieux adressa ce joli poème à Marie, en lui donnant aussi ce nom de rose :

« Tu es la fleur, tu es la rose,
Tu es celle en qui se repose
la douceur de toute chose. »

Et c'est vrai. Il y a une fleur unique au monde, qui pour tous est le symbole de la joie et de l'amour : c'est la rose. Qu'elle soit rouge, rose, jaune ou blanche, la rose réjouit celui qui la contemple et la respire, celui qui la reçoit, comme celui qui la donne.

Autrefois, on se faisait même une couronne de roses, en signe d'allégresse et on allait en porter une également sur la tête d'une statue de Marie. C'était une manière de l'aimer et de l'honorer, comme de dire son chapelet. D'ailleurs encore maintenant, il y a beaucoup de gens qui vont fleurir les statues de la sainte Vierge. Je connais même une grand-mère qui vient porter devant sa Vierge, dans sa maison, les premières fleurs de son jardin, et la plus belle rose de son rosier. C'est encore une manière d'aimer.

On peut égrainer les « je vous salue » de son chapelet, comme on cueille les roses de son jardin, avec tout son cœur. Et c'est cela qui compte.

C'est certainement ce qu'a bien compris saint Dominique, lorsqu'il a institué le Rosaire.

Autrefois, ceux qui ne savaient ni lire, ni écrire, ne pouvaient pas réciter la grande prière officielle de l'Église (les 150 psaumes de la Bible). Ils remplaçaient ces 150 psaumes par 150 « je vous salue ». Ils se servaient, pour les compter, de grains enfilés par dizaines ou de nœuds faits à une corde. Entre chaque dizaine, des prédicateurs s'adressaient à la foule pour lui rappeler les grands mystères de la vie de Jésus et de Marie. Ce sont les mystères joyeux, douloureux et glorieux.

C'est saint Dominique et ses frères dominicains qui ont répandu cette pratique du Rosaire. C'était leur manière à eux de prêcher la Parole de Dieu, et Marie était là, présente dans cette annonce de l'évangile.

9
Les pèlerinages

Depuis très longtemps, dans différents pays du monde, il existe des lieux particuliers où les chrétiens aiment se rassembler pour fêter Marie. Au Portugal, c'est à Fatima ; en Espagne, c'est à Saragosse ; en Pologne, c'est à Czestochowa… En France, beaucoup de villes ou de villages possèdent soit une chapelle, soit une église dédiée à Marie, où se déroulent chaque année de grandes fêtes en son honneur. Parmi les plus célèbres, on peut citer : Pontmain, Chartres, La Salette, Lourdes…

Des foules s'y rassemblent régulièrement, formées de gens qui viennent parfois de loin, en autocar, en train ou même en avion. Ce sont les pèlerinages.

Pourquoi ces déplacements et ces fêtes ?

C'est une coutume très ancienne. Chaque année, les Juifs se rendaient en pèlerinage à Jérusalem. Ils montaient au Temple pour se souvenir de l'Alliance que Dieu avait conclue avec eux et pour la renouveler au fond de leur cœur. Marie elle-même a fait régulièrement ce pèlerinage au Temple de Jérusalem, depuis son village de Nazareth.

Aujourd'hui encore, partir en pèlerinage, se faire « pèlerin », c'est quitter sa maison et ses affaires un moment pour s'occuper de Dieu, aller se mettre à l'écoute de sa Parole, se convertir.

En célébrant Marie, en nous réjouissant en son honneur, nous rendons grâce à Dieu. En regardant Marie, nous apprenons à écouter la Parole de Dieu, à la prendre au séreiux, nous rappelant ce que disait Jésus : « Heureux ceux qui écoutent la Parole de Dieu et qui la mettent en pratique. »

Ceux qui vont ainsi en pèlerinage ont souvent des choses importantes à demander : la guérison d'un malade, la réconciliation dans leur famille, la réussite à un examen... Le pèlerinage n'apporte pas la solution à ces problèmes. Il permet souvent de constater que nos difficultés personnelles ou celles de notre famille ne sont pas les plus graves. En pèlerinage on apprend à vivre en frères, on porte ensemble les peines et les joies des uns et des autres, la prière s'ouvre aux dimensions de l'univers. En priant et en écoutant la Parole de Dieu avec d'autres croyants, l'espérance peut renaître. Le pèlerinage est une étape sur la route où Dieu nous appelle à lutter pour la vie.

10
Notre Dame de Lourdes

Lourdes est le plus important pèlerinage du monde. Chaque année plus de trois millions de pèlerins, venant des cinq parties du monde, vont prier à la Grotte. Des milliers de malades et de handicapés viennent y chercher le réconfort et l'espérance. Lourdes est devenue la capitale de la prière.

Tout a commencé il y a seulement un peu plus de cent ans.

Le 11 février 1858, une petite fille, Bernadette Soubirous, allait ramasser du bois au bord de la rivière avec deux camarades. Au moment où elle s'apprêtait à se déchausser devant une grotte pour traverser la rivière, elle entendit « une rumeur, comme un coup de vent ».

« Je levai la tête en regardant la grotte, dit-elle. Je vis une Dame habillée de blanc. Elle avait une robe blanche et une ceinture bleue et une rose jaune sur chaque pied, couleur de la chaîne de son chapelet.

Quand j'eus vu cela, je frottai mes yeux. Je croyais me tromper. Je mis la main dans ma poche. J'y trouvai mon chapelet. Je voulais faire le signe de la croix, je ne pus pas porter la main au front. Elle m'est tombée. La vision fit le signe de la croix. Alors ma main tremblait. J'essayais de le faire et je pus. J'ai passé mon chapelet. La vision faisait courir les grains du sien, mais elle ne remuait pas les lèvres. Quand j'eus fini mon chapelet, la vision disparut tout d'un coup. »

Après cette première vision, Bernadette revint à la Grotte et vit de nouveau la Dame. Celle-ci lui demanda de revenir quinze jours de suite. Bernadette fut fidèle au rendez-vous et durant ces deux semaines la Dame lui apparut tous les jours, sauf deux fois un lundi et un vendredi.

En regardant la Dame, Bernadette récitait son chapelet. La Dame lui demanda de prier pour les pécheurs, de faire pénitence, puis d'aller dire aux prêtres de faire bâtir une chapelle. Elle dit aussi à Bernadette : « Je ne vous promets pas de vous rendre heureuse en ce monde, mais dans l'autre ».

Bernadette avait parlé à son curé de ses apparitions, et celui-ci lui avait dit de demander à la Dame quel était son nom. Le 25 mars, fête de l'Annonciation, la Dame répondit à la demande de Bernadette.

« Tenant les deux bras pendants elle leva les yeux en regardant le ciel, puis elle me dit, en joignant les mains à la hauteur de la poitrine, qu'elle était l'Immaculée Conception ».

Bernadette dut subir de nombreux interrogatoires. Il fallait vérifier si elle disait vrai, si elle ne se trompait pas. C'est seulement en 1862 que l'évêque de Lourdes reconnut officiellement les apparitions de la Vierge Marie à Bernadette.

Depuis lors les foules sont accourues à Lourdes. On y a construit plus qu'une chapelle, de grandes églises qui sont vite devenues trop petites. La source que Bernadette avait libérée sur l'indication de Marie ne cesse de couler et les pèlerins viennent s'y désaltérer. Cette eau qui jaillit sous la Grotte et se répand dans les fontaines, nous rappelle l'eau de notre Baptême où nous sommes nés à la vie nouvelle des enfants de Dieu. Elle nous conduit à cette Source Vive qu'est la Parole de Jésus. Et de fait, les pèlerins se rassemblent fréquemment pour écouter l'évangile, le méditer et le faire passer dans leur vie.

A Lourdes, les malades et les handicapés ont une place de choix. On leur fait la première place à la Grotte, auprès de l'autel ou à la procession du Saint Sacrement. Comme Jésus les accueillait en Palestine, nous apprenons à leur être présents, à partager avec eux, à les servir. Ils nous apprennent à vivre la joie et l'espérance au milieu des difficultés.

Ici se rencontrent des hommes et des femmes de tous pays, de toutes langues, de toutes races et l'on commence à découvrir un peu ce qu'est l'Eglise, comme saint Jean l'avait laissé entrevoir dans son beau poème de l'Apocalypse : « Je vis une foule immense, que nul ne pouvait dénombrer, une foule de toutes nations, races, peuples et langues… Ils proclamaient d'une voix forte : « Le salut est donné par notre Dieu ! »

11
Des Saints parlent de Marie

De tout temps et partout les Saints ont aimé la sainte Vierge. Certains ont dit ou écrit de belles choses à son propos. Parfois ils ont composé des hymnes ou des prières qui ressemblent à des poèmes.

Dès les premiers siècles, on trouve trace de ces textes :

- *Saint Ephrem de Mésopotamie au 4e siècle :*

« La Vierge m'invite à chanter le mystère que je contemple avec admiration. Fils de Dieu, fais que j'accorde ma lyre et que je peigne l'image toute belle de ta mère bien-aimée.

Très sainte Dame, mère de Dieu... seule demeure de toute grâce de l'Esprit-Saint, faites que je sois trouvé digne de vous glorifier, de vous chanter librement, vous, seule vraie Mère de la vraie Lumière, le Christ notre Dieu. »

- *A la même époque, saint Ambroise, évêque de Milan, écrit :*

« Quoi de plus noble que la Mère de Dieu ? Quoi de plus splendide que celle-là même qu'a choisie la splendeur ?

A quoi reconnaît-on une bonne maison ? A son entrée. Quand la lumière reste allumée pour montrer qu'elle ne cache pas de ténèbre.
Ainsi Marie donne au dehors sa lumière, semblable à la lampe qui répand de l'intérieur sa clarté. »

• *Saint Théodore, un moine turc du 9e siècle :*

« La bienheureuse Vierge est le ciel qui monte le Soleil de Justice, la terre qui produit l'épi de vie, la mer qui apporte la perle spirituelle. Que ce monde est magnifique ! Que cette création est admirable ! »

• *Saint Bernard, moine de Citeaux au 12e siècle :*

« Pourquoi craindre Marie ? Rien de dur en elle, rien de terrible. Elle est toute douceur, offrant à tous le lait et la laine. Comment ne pas approcher d'elle ? N'est-elle pas la Femme revêtue de soleil ? Car de même que cet astre se lève sur les bons comme sur les méchants, Marie se montre clémente pour tous. Dans son immense tendresse, elle a pitié de toutes les misères. »

• *Plus proche de nous, sainte Thérèse de l'Enfant Jésus, la Carmélite de Lisieux :*

« On sait que la Sainte Vierge est la Reine du ciel et de la terre, mais elle est plus mère que reine et il ne faudrait pas laisser croire qu'à cause de toutes ses grâces, elle éclipse la gloire de tous les saints, comme le soleil à son lever fait disparaître les étoiles... Mon Dieu que cela est étrange : une mère qui ferait disparaître la gloire de ses enfants. Moi, je pense tout le contraire, je crois qu'elle augmentera de beaucoup la splendeur des saints...

... Oh que je l'aime la Vierge Marie ! »

A toi aussi, on ne peut que te souhaiter d'aimer beaucoup la Sainte Vierge. Alors tu n'auras jamais fini de t'émerveiller à son sujet.

12
Des poètes célèbrent Marie

Beaucoup d'artistes ont aimé Marie, des peintres, des graveurs, des sculpteurs. Ils l'ont représentée, comme ils l'imaginaient, seule ou avec l'Enfant Jésus, dans les différents « mystères » de sa vie, tantôt joyeuse, tantôt douloureuse, dans diverses attitudes : accueillante, maternelle, secourable...

Ils nous la représentent, bien sûr, telle qu'ils se l'imaginent, mais cela peut aider à prier, à penser.

De nombreux poètes ont également « chanté » Marie, simplement parce qu'ils l'aimaient.

Voici quelques extraits de leurs poèmes, parmi les plus connus depuis près d'un siècle. Mais dans les siècles précédents, il y en a eu bien d'autres, et dans les siècles à venir il y en aura encore.

de PAUL-MARIE VERLAINE

Je ne veux plus aimer que ma mère Marie
Tous les autres amours sont de commandement
Nécessaires qu'ils sont, ma mère seulement
Pourra les allumer aux cœurs qui l'ont chérie...

Je ne veux plus penser qu'à ma mère Marie
Siège de la Sagesse, et source des pardons,
Mère de France aussi, de qui nous attendons
Inébranlablement l'honneur de la Patrie.

Marie Immaculée, amour essentiel,
Logique de la Foi cordiale et vivace
En vous aimant qu'est-il bon que je ne fasse ?
En vous aimant du seul amour, Porte du Ciel ?

Sagesse — Messein

de CHARLES PEGUY

Présentation de la Beauce à N.D. de Chartres

Etoile de la mer, voici la lourde nappe
Et la profonde houle et l'océan des blés
Et la mouvante écume et nos greniers comblés
Voici votre regard sur cette immense chape...

Etoile du matin, inaccessible reine,
Voici que nous marchons vers votre illustre cour
Et voici le plateau de notre pauvre amour,
Et voici l'océan de notre immense peine...

Tour de David, voici votre tour beauceronne
C'est l'épi le plus dur qui soit jamais monté
Vers un ciel de clémence et de sérénité,
Et le plus beau fleuron dedans votre couronne...

Extrait de « Tapisserie de Notre Dame ». N.R.F. Editions Gallimard.

de PAUL CLAUDEL

La Vierge à Midi

Il est midi. Je vois l'église ouverte. Il faut entrer.
Mère de Jésus-Christ, je ne viens pas prier.

Je n'ai rien à offrir, et rien à demander.
Je viens seulement, Mère, pour vous regarder.

Vous regarder, pleurer de bonheur, savoir cela
Que je suis votre fils et que vous êtes là...

Parce que vous êtes là, pour toujours
simplement parce que vous êtes Marie
simplement parce que vous existez,

Mère de Jésus-Christ, soyez remerciée !

Extrait de « Poèmes de guerre ». N.R.F. Editions Gallimard.

de MARIE NOËL

Annonciation

La Vierge est dans sa maison
Son petit jardin par la porte ouverte
Respire. Une abeille entre. La saison
qui vient de très loin n'est pas encore verte...

...Le vent sur le toit vient de rencontrer
Dessus un oiseau que l'azur apporte
Qui vole ? Le ciel a poussé la porte
La porte a chanté, un ange est entré...

...La Vierge Marie est dans son bonheur
La Vierge Marie est là qui se noie
Dans le miel de Dieu. L'épine est en fleur
Autour du jardin, autour de ma joie.

Extrait du « Rosaire des joies ». Stock 1930.

Et toi,
si tu aimes Marie,
si tu as de la joie en pensant à elle,
qui t'empêche de lui écrire aussi un beau poème,
selon ton inspiration, selon ton cœur ?

13
Les beaux noms donnés à Marie

Quand on aime bien quelqu'un, il arrive parfois qu'en plus de son nom, on l'appelle par toutes sortes d'autres expressions pleines de poésie et de délicatesse. Ce sont comme des petits secrets de tendresse et d'admiration, que l'on murmure, que l'on invente, que l'on répète, que l'on chante.

Ces noms viennent tout droit du cœur et de son imagination, comme un bouquet de fleurs sauvages qui auraient poussé dans la terre profonde de notre affection.

Et la personne qui les reçoit sait en goûter le parfum. Elle le respire comme une louange, dans le silence de ces choses poétiques qui disent bien plus que les mots eux-mêmes.

Ainsi en est-il de la Vierge Marie et des beaux noms qui lui ont été donnés depuis des siècles et des siècles :

Cause de notre joie

Etoile du matin

Rose mystique

Tour de David

Maison d'or

Porte du ciel

Arche d'alliance

Jardin bien clos

Fontaine scellée

Salut des infirmes

Refuge des pécheurs

Source de toute consolation

Miroir de la justice

Trône de la sagesse

Reine du ciel

Etoile de la mer

Bel astre de la nuit

Honneur du genre humain

14
Les fêtes de Marie

Chaque année, à date plus ou moins régulière, nous retrouvons les grandes fêtes chrétiennes : Noël, Pâques, Pentecôte. Mais chaque jour est un jour de fête. La fête d'un Saint ou d'une Sainte du Ciel.

Pour fêter Marie, le calendrier nous propose plusieurs jours. Comme si l'Eglise tenait à rappeler que Marie nous est présente d'une manière continuelle tout au long de notre vie. C'est ainsi que nous pouvons fêter :

Le 1er janvier : *Sainte Marie Mère de Dieu*

Cette fête se situe le premier jour de l'année, une semaine après Noël. En adorant dans l'enfant de Bethléem le Fils de Dieu fait homme, nous reconnaissons que Marie est la Mère de Dieu.

Le 2 février : *La Présentation de Jésus au Temple*

On l'appelle aussi la Chandeleur. C'est une fête de la Lumière. Marie était venue présenter Jésus à Dieu dans le Temple 40 jours après sa naissance. Le vieillard Siméon avait pris l'Enfant dans ses bras en disant : « Voici la Lumière des nations. »

Le 11 février : *Notre Dame de Lourdes*

C'est l'anniversaire de la première apparition de la Vierge à Bernadette dans la grotte de Massabielle à Lourdes, le 11 février 1858.

Le 25 mars : *L'Annonciation*

L'Ange Gabriel vient demander à Marie si elle accepte d'être la mère du Messie. Marie répond : « Je suis la servante du Seigneur ; qu'il me soit fait selon ta parole. »

Le 31 mai : *La Visitation*

Marie va rendre visite à sa cousine Elisabeth qui attendait également un enfant. En la voyant, cette dernière s'écrie : « Bienheureuse celle qui a cru en ce qui lui a été dit de la part du Seigneur. » Et Marie chante le Magnificat.

Le 15 août : *L'Assomption*

Marie est maintenant vivante avec Jésus Ressuscité, dans la Lumière de Dieu. En France, c'est la plus grande fête de Marie. C'est un jour férié où l'on ne travaille pas. Dans beaucoup d'endroits, on fait une procession en l'honneur de la Vierge Marie ce jour-là.

Le 8 septembre : *La Nativité de Notre Dame*

L'Eglise fête la naissance de Marie au foyer d'Anne et de Joachim.

Le 21 novembre : *La Présentation de Marie au Temple*

Enfant, Marie a été présentée à Dieu dans le Temple, par ses parents Anne et Joachim.

Le 8 décembre : *L'Immaculée Conception*

L'Eglise fête ce jour-là l'Immaculée Conception de Marie. Dès le premier instant de son existence, dès sa conception, Marie a vécu dans la lumière de Dieu sans connaître le péché.

D'autres fêtes existent encore, liées à des noms de Marie ou à des lieux de prière :

Notre Dame du Mont Carmel, le 16 juillet
Marie, Reine du monde, le 22 août
Notre Dame des Sept-Douleurs, le 15 septembre
Notre Dame du Rosaire, le 7 octobre.

15
Marie, joie de la terre

Le messager du ciel
a salué Marie.
Heureuse nouvelle
Et Marie a dit oui !

La terre s'est ouverte
Une fleur est née
dans le Soleil offerte.
Eclatement de vie…

Et la terre a donné son fruit !

Joie pour Dieu
  Joie pour la terre
    Joie pour les hommes.

Comme une rose unique dans le jardin de Dieu, Marie vient enchanter notre vie par sa présence et sa rayonnante beauté.

L'Eglise tout entière reconnaît dans cette femme la marque de l'Esprit Trésor précieux, don gratuit de Dieu.

Il nous est bon de penser qu'une créature humaine comme nous, née d'un homme et d'une femme, ait pu connaître un tel destin.

Il nous est bon de penser que cette femme connaît déjà son plein épanouissement dans la lumière de Dieu.

En cette Femme, l'Esprit de Dieu a fait merveille,
Oui, Dieu a conclu avec son peuple une alliance éternelle,
Il a choisi de naître de Marie pour venir jusqu'à nous.

Si la grâce triomphe en Marie, ce n'est pas pour qu'on la mette sur un piédestal en la comblant d'honneurs ; mais c'est pour apprendre d'elle la source de la grâce, c'est pour aller avec elle à cette Source de Vie inépuisable.

Marie « comblée de grâce » ne garde pas pour elle le don de Dieu. Par sa clarté, par sa simplicité, elle ne cesse de nous apprendre à accueillir Jésus.

Don magnifique ! Tous les Magnificat, tous les beaux chants n'épuiseront jamais notre émerveillement, notre reconnaissance.

« Terre entière, chante ta joie au Seigneur !

Alleluia ! Alleluia !

16
Une icône à détacher

De Marie on peut avoir une image, une statue, un tableau.

Ton livre sur Marie te propose ici cette page à détacher pour en faire une icône.

Tu la découpes bien délicatement selon le trait indiqué et tu la colles sur une petite planche de contreplaqué de mêmes dimensions. Tu y mets derrière une attache spéciale autocollante, et tu accroches ton icône : « Marie joie de la terre ».

table des matières

Marie de tous les jours

Marie
tu vas à la fontaine
Marie
tu puises tous les jours
l'eau de la table quotidienne
que tu déposes avec amour
Marie
tu portes sur la tête
Marie
tu le tiens dans tes mains
le panier rempli pour la fête
les grains de blé pour faire le pain
Marie
tu prépares la pâte
Marie
tu vas la mettre au four
puis tu viens déplier la nappe
comme une dame ses atours